AU CONSEIL D'ÉTAT

SECTION DES FINANCES

NOTE

POUR

LES USINIERS ET LES INDUSTRIELS ENTREPOSITAIRES

DE

L'ANCIENNE BANLIEUE DE PARIS

PARIS

TYPOGRAPHIE ET LITHOGRAPHIE RENOU ET MAULDE

144, rue de Rivoli, 144

1872

NOTE

POUR

LES USINIERS ET LES INDUSTRIELS ENTREPOSITAIRES

DE

L'ANCIENNE BANLIEUE DE PARIS

Les soussignés, usiniers de l'ancienne banlieue annexée, ont l'honneur de soumettre au Conseil d'État les observations qui suivent sur le nouveau projet de règlement d'octroi de la ville de Paris :

Ces observations ont pour objet :

1° De démontrer que le projet actuel constitue un retour déguisé vers une tarification contraire à tous les principes et qui est condamnée par la jurisprudence du Conseil d'État ;

2° De signaler une lacune grave relative au règlement de l'arriéré, qu'il appartient au Conseil d'État de combler, ne serait-ce qu'en vue de prévenir le renouvellement de conflits regrettables.

Mais, avant d'exposer ces deux ordres de considérations, il est nécessaire de remonter à l'origine des difficultés actuelles et d'indiquer en quelques mots dans quelles conditions de fait et de droit le projet se présente à l'examen du Conseil.

§ Ier.

Lorsque la loi du 16 juin 1859 porta jusqu'à l'enceinte fortifiée les limites de Paris, le Gouvernement et le Corps législatif reconnurent bientôt, en présence des vives et nombreuses réclamations suscitées par cette réforme, l'impossibilité d'assujettir les usines de la banlieue aux tarifs d'octroi de l'ancien Paris et la nécessité d'établir un régime provisoire avant de régler définitivement la situation de l'industrie parisienne.

Cette pensée si équitable inspira les art. 5 et 7 de la loi qui assurèrent à titre de transition, aux usiniers de l'ancienne banlieue, un double privilége, savoir : pendant dix années, la faculté d'entrepôt à domicile, conformément aux dispositions de l'art. 41 de l'ordonnance royale du 9 décembre 1814 et de l'art. 29 de la loi du 28 avril 1816, c'est-à-dire la faculté d'exporter, sans être assujettis ni au tarif de Paris ni au tarif de la banlieue, les produits fabriqués dans leurs usines pour le commerce général (art. 5) ; pendant sept années seulement, les franchises et modérations de droit d'octroi résultant du maintien des taxes locales de l'ancienne banlieue à l'exclusion des taxes de Paris, même dans le cas où ils auraient à acquitter des droits pour leurs produits introduits dans Paris ou exportés au dehors (art. 7).

La faculté d'entrepôt à domicile devait, dans les prévisions du législateur, prendre fin le 1ᵉʳ janvier 1870. (Voir *Appendice*, n. 1.)

Mais il faut remarquer qu'en accordant cette faculté, « le législateur,
« ainsi que le dit M. le Préfet de la Seine dans sa lettre du 15 août 1872,
« à M. le Ministre de l'intérieur, s'était proposé deux buts : le premier,
« de donner une sorte de dédommagement aux intéressés en vue
« d'alléger le poids des nouvelles charges que l'extension des limites
« de Paris devait inévitablement amener pour eux ; le second, d'es-
« sayer si le système dont il s'agit, d'une exécution assez facile
« dans les départements, pouvait être adapté à une ville comprenant
« près de deux millions d'habitants, en partie adonnés à des industries,
« à des commerces différents. » Le régime provisoire créé par la loi
de 1859 devait donc être, en même temps qu'une période de transition,
une période d'essai et d'étude qui ne devait cesser que par l'organisation d'un régime définitif.

L'art. 5, § 3, exprime clairement ce dernier caractère : « *A l'expi-
« ration des dix années, la faculté d'entrepôt, après avis du Conseil
« municipal, pourra être prorogée* et, dans ce cas, elle devra être étendue
« à tout Paris. »

C'est aussi ce qui résulte avec encore plus de force des travaux prépa-
ratoires de la loi.

« L'administration, disait l'exposé des motifs, *observera* pendant ces
« dix années les résultats que produira ce régime nouveau, et, *si l'ex-
« périence est favorable*, la faculté sera généralisée pour le commerce
« de Paris tout entier qui rentrerait ainsi sous l'empire du droit
« général. »

Le rapport fait au Corps législatif par M. Riché s'exprimait à peu
près dans les mêmes termes :

« *Au bout de cette période*, qui permettra à la plupart des baux
« actuels d'arriver à leur terme et à la plupart des établissements

« actuels d'amortir leur capital de création, *l'expérience prononcera.* »

Et plus loin :

« *Sur les questions qui devront être résolues après l'épreuve de dix*
« *ans*, le projet attribuait la décision au pouvoir réglementaire...
« Votre commission a, par un amendement, réservé l'intervention de
« la loi pour la prorogation des facultés d'entrepôt fictif en ce qui
« concerne les boissons, laissant dans le domaine réglementaire la
« solution relative aux autres objets. Elle a imposé *aux auteurs du*
« *règlement à intervenir*, comme une conséquence de la présente loi
« d'annexion, mais elle n'a pu en fait que recommander aux auteurs
« de la loi future l'unité de régime au bout de dix ans dans Paris
« compacte et homogène. »

C'étaient là, on le voit, des promesses formelles.

Tandis que l'industrie de l'ancienne banlieue trouvait dans la prorogation pendant dix ans de la liberté et des franchises dont elle avait
joui jusqu'alors, une compensation fort insuffisante des sacrifices qui
allaient lui être imposés, l'administration ne devait pas rester inactive
et attendre en quelque sorte les bras croisés que l'expiration des dix
années de faveur fît retomber de plein droit les usines annexées sous
l'empire du régime d'octroi de l'ancien Paris. Elle était obligée d'ob-
server, d'étudier, de suivre l'expérience, d'employer, en un mot, le
temps d'épreuve à la préparation d'un règlement nouveau, dont le législateur de 1859 ne déterminait à l'avance qu'une seule base, c'est qu'il
serait uniforme pour tout Paris.

L'industrie annexée a vécu, on peut le dire, pendant dix ans dans
l'attente de ce régime d'où dépendait, d'où dépend encore sa destinée ; et
elle était d'autant mieux en droit de compter sur son établissement à la
date promise que la loi de 1859 avait, selon l'expression même du rapporteur au Corps Législatif, « *un certain caractère de contrat avec la*
« *banlieue.* »

Comment et pourquoi le régime qui devait commencer le 1er janvier 1870 est-il encore à établir? Nous le rappellerons brièvement.

C'est en partie la faute de l'Administration municipale de Paris, en partie celle des événements.

Une simple date suffit à démontrer que l'Administration municipale n'avait pas apporté toute l'activité désirable dans l'étude du règlement qu'elle était tenue d'inaugurer le 1er janvier 1870. C'est seulement, en effet, le 16 décembre 1869 que le Conseil d'État fut saisi d'un projet de décret ayant pour objets principaux : 1° de réduire le montant de la taxe imposée sur les houilles de diverses natures à l'octroi de Paris; 2° d'effectuer la restitution des droits payés au même octroi sur les matières premières transformées par l'industrie, à l'aide de bulletins de sortie donnant droit à l'introduction d'une quantité de matière égale à la quantité présumée contenue dans les objets fabriqués.

Ce projet tardif était, de plus, conçu dans un esprit contraire aux principes constamment proclamés et suivis par le Conseil d'État. Il réduisait, il est vrai, dans une mesure considérable les droits sur les houilles, et il essayait d'assurer à l'industrie la franchise sur les matières premières au moyen d'un système de bulletins de sortie et de remplacement ; mais, par l'exclusion de la faculté d'entrepôt à domicile, soit pour les combustibles consommés par l'industrie, soit pour les matières premières, il mettait Paris en dehors du droit commun des autres villes de France.

Bien qu'on fût à la veille même du 1er janvier 1870, et qu'il y eût urgence à tenir les promesses faites à l'industrie annexée, le Conseil d'État n'hésita pas, dans sa séance du 29 décembre 1869, à repousser le projet de décret. (V. *Appendice*, n° 2.)

L'avis donné par le Conseil d'État, sur le rapport de M. le conseiller Goussard, reconnaît d'abord, dans les termes les plus explicites, à la charge de la ville de Paris, l'obligation qui lui avait été imposée par la loi de 1859 de faire un règlement d'octroi nouveau pour le 1er jan-

vier 1870 : « Considérant, y est-il dit, que de l'ensemble de ces disposi-
« tions (art. 5 et 7 de la loi du 16 juin 1859) résulte à *l'expiration des dé-*
« *lais ci-dessus indiqués la nécessité de réviser le règlement de l'octroi de*
« *Paris* en ce qui concerne, d'une part, l'entrepôt des marchandises ;
« d'autre part, le régime des combustibles et matières premières con-
« sommées ou transformées par l'industrie, et *d'organiser un régime*
« *nouveau* applicable à la totalité du territoire compris dans le périmètre
« de l'octroi de Paris. » L'avis pose ensuite, d'une manière magistrale,
les principes qui auraient dû présider à la rédaction de ce règlement.

L'Administration municipale de Paris, qui avait élaboré si tardivement
un projet de décret en désaccord avec ces principes, était évidemment
en faute à l'égard de l'industrie annexée (1).

Chose curieuse, et qu'il est utile de rapprocher de ce qui se passe aujourd'hui : à la suite de cet échec, sa première pensée fut de mettre à
profit sa faute. Le 1er janvier 1870, elle émit hautement la prétention que
le régime provisoire avait définitivement cessé, et que le droit dû désormais par les usiniers annexés sur les combustibles et sur les matières
premières était le droit intégral du tarif d'octroi de l'ancien Paris.

La ville de Paris prétendait ainsi tirer légalement de larges bénéfices
d'une véritable violation de la loi et du contrat ; et, grâce à la vigilance
du Conseil d'État en faveur des principes de la liberté du commerce et de
l'industrie, elle allait percevoir des droits de beaucoup supérieurs à ceux
dont le Conseil d'État avait repoussé avec tant d'énergie l'établissement !

---

(1) **M. le Préfet de la Seine** rejette bien à tort sur l'autorité supérieure la faute de l'Administration municipale lorsque, dans sa lettre du 15 août 1872, il s'exprime ainsi : « Après
« des débats étendus, le projet de l'Administration, plusieurs fois remanié, était peut-être
« à la veille d'aboutir et de recevoir la consécration officielle que le Conseil d'État lui
« avait d'abord refusée, lorsque arriva le terme fatal du 1er janvier 1870. *Aucune décision*
« *de l'autorité supérieure n'étant intervenue,* la faveur dont jouissaient les anciens entrepo-
« sitaires dut naturellement cesser et l'Octroi se vit dans l'obligation de réclamer le paye-
« ment des droits sur toutes les marchandises à destination de leurs magasins. »

Mais, quelque audacieuse que fût alors l'Administration municipale, elle ne put longtemps soutenir ce système. Les réclamations de l'industrie et de l'opinion publique furent si vives, que les droits déjà perçus furent restitués, et qu'une décision préfectorale, rendue le 3 février 1870, accorda aux intéressés « l'autorisation de faire entrer provisoirement en « franchise, sous la garantie de deux cautions, les marchandises et com- « bustibles nécessaires à leur commerce ou à leur industrie; » d'autre part, si toute reconnaissance officielle à la sortie était interdite, des *reconnaissances officieuses*, en constatant les faits accomplis, devaient permettre de réserver les droits et les intérêts de chacun.

C'est dans cette situation et pendant que l'Administration municipale mettait à l'étude un second projet, que la guerre survint, et après elle les tristes événements de la Commune. Ces questions vitales pour l'in-dustrie parisienne durent rester forcément en suspens. Mais les retards survenus par le fait des événements ne se seraient pas produits si l'Administration municipale avait tenu plus fidèlement ses promesses et observé plus exactement la loi.

Le projet de règlement, soumis en ce moment au Conseil d'État, est destiné à tenir lieu de celui qui aurait dû être inauguré le 1ᵉʳ janvier 1870, en exécution de la loi du 16 juin 1859. Cette remarque est essentielle aux discussions qui vont suivre.

§ II.

Une première observation, avons-nous dit, a pour objet de démontrer que *le projet actuel contient un retour déguisé vers une tarification contraire à tous les principes et qui est condamnée par la Jurisprudence du Conseil d'Etat.*

Cette démonstration sera fort simple.

Dans son avis du 29 décembre 1869, le Conseil d'État a reconnu à nouveau, conformément à l'esprit et à l'économie de l'ordonnance du 9 novembre 1814, et de la loi du 28 avril 1816, que les droits d'octroi ne doivent être établis que sur *la consommation locale des habitants*, et que, par suite, les combustibles qui sont consommés pour la fabrication d'objets destinés au commerce, de même que les matières premières qui sont plutôt transformées que consommées par l'industrie, doivent être, les uns et les autres, affranchis de toute taxe d'octroi. D'importantes considérations, qu'il serait trop long de rappeler ici, justifient pleinement cette conclusion.

D'autre part, le Conseil d'État n'a pas voulu admettre que la Ville de Paris pût se placer en dehors du droit commun, et se faire un régime spécial d'octroi en contradiction avec les principes actuellement appliqués dans les principales villes de France. Il a donc indiqué expressément la faculté d'entrepôt à domicile généralisée et étendue à Paris tout entier comme la base essentielle du règlement d'octroi à intervenir en exécution de la loi de 1859.

Seulement, comme le régime de l'entrepôt à domicile exige une surveillance particulière et entraîne, par suite, un surcroît de dépenses dans le budget de l'octroi, le Conseil d'État a pris soin de mentionner que « cette dépense pourrait être mise, au moins en partie, à la charge des « intéressés. »

Telle est la limite précise des seules taxes que peuvent avoir à supporter les combustibles et les matières premières de l'industrie.

Ces principes avaient été méconnus dans le projet de règlement présenté par la Ville de Paris en 1869 : ont-ils été complétement respectés dans le projet actuel ?

Les art. 11, 12, 21 et 22 du projet sont ainsi conçus :

« Art. 11. — Sous les conditions exprimées aux articles suivants, les

« *industriels seront dispensés du payement des droits sur les combustibles*
« employés par eux dans leurs usines à l'usage de leur industrie. »

« Art. 12. — Il sera perçu *comme représentation des droits sur la*
« *consommation personnelle locale de l'industriel, ainsi qu'à titre de*
« *compensation des frais de personnel et de toute autre nature provenant*
« *du fait de la surveillance des usines :* 1° une somme annuelle de
« 100 francs ; 2° une redevance proportionnelle de 1 fr. par tonne de
« houille ou de coke...

« Art. 21. — Les possesseurs d'usines dont l'industrie est, en raison
« de son importance, assimilable à un commerce en gros, pourront obte-
« nir *la faculté d'entrepôt à domicile pour les matières premières* entrant
« dans leur fabrication et pour leurs produits fabriqués qui en ré-
« sultent.

« Art. 22. — Cette faculté d'entrepôt donnera lieu, *comme compen-*
« *sation des frais du service*, à la perception d'une somme fixe annuelle
« de 500 fr., payable d'avance. Dans le cas où l'industriel serait en même
« temps abonné pour les combustibles, cette somme serait réduite
« à 400 francs. »

Sans doute les articles qui précèdent paraissent, à première vue,
irréprochables, puisque, conformément à l'avis du Conseil d'État, ils
admettent en principe l'exemption de toute taxe d'octroi pour les combustibles et les matières premières de l'industrie, et que les droits qui seront
perçus sont présentés exclusivement comme la rémunération des frais
de surveillance ou comme l'équivalent des droits dus par l'industriel sur
sa consommation personnelle de combustible.

Mais si le projet actuel est, dans ses lignes extérieures, en harmonie
avec les véritables principes, il est impossible de ne pas remarquer qu'il
a été rédigé par la Commission du Conseil municipal dans un esprit de
résistance à la Jurisprudence du Conseil d'État.

Voici dans quels termes s'exprimait le rapporteur du projet, M. Albert Dehaynin :

« La nécessité d'une réforme générale étant admise en principe, à
« quel titre, sous quelle forme, dans quelles limites y devons-nous
« procéder ?

« Nous nous sommes placés *sur le terrain indiqué par la Cour de*
« *Cassation,* lorsqu'elle a dit :

« *A défaut d'une exemption de droit pour les consommations indus-*
« *trielles, les art. 56* de la loi du 11 frimaire an VII et du décret du
« 17 mai 1809 *laissent aux Conseils municipaux la faculté de prendre*
« *en considération,* s'il y a lieu, dans la rédaction des tarifs, *les néces-*
« *sités du commerce et de l'industrie.* »

« Cela suffit : *nous n'avons pas à faire d'autre déclaration de prin-*
« *cipe : ceux qu'a formulés le décret de 1870, si excellents qu'ils soient,*
« *ne nous sont pas applicables,* d'après ce décret lui-même. *Notre seule*
« *règle est donc : l'intérêt bien entendu de la cité,* ce qui comprend l'in-
« térêt particulier de chacun de ses habitants. »

« Est-ce à dire *que nous ne tenions pas de compte des avis si importants*
« *du Conseil d'État?* Nous nous sommes, au contraire, inspirés de sa
« doctrine : en parfaite conformité de sentiment sur le but à atteindre,
« *nous y marchons seulement par des voies un peu différentes, ainsi que*
« *l'exigent les conditions exceptionnelles de l'octroi de Paris.* »

Sous une forme un peu voilée, n'est-ce pas l'affirmation persistante de
l'ancienne doctrine repoussée par le Conseil d'État en 1869 et tout récem-
ment encore le 7 février 1872 (V. *Appendice* n° 3), que la ville de Paris
a le droit de se mettre en dehors du droit commun et de concilier, dans
la rédaction de ses tarifs d'octroi, les faveurs à accorder au commerce et
à l'industrie avec les nécessités de son budget municipal?

La même pensée a été rendue plus clairement peut-être, dans le cours de la discussion du projet au sein du Conseil municipal, par l'un des membres de la Commission, M. Gouin. (Séance du 8 juillet.)

« La Commission, a-t-il dit, a cherché à donner à l'industrie, dont
« elle souhaite le retour et le développement à Paris, toutes les facilités
« possibles, mais *elle a dû tenir compte de la situation de la caisse mu-*
« *nicipale, qui n'est pas assez prospère pour que l'on puisse actuellement*
« *renoncer entièrement à la perception d'un droit sur le combustible em-*
« *ployé par l'industrie.* »

Ainsi, malgré les déclarations en apparence si explicites des art. 11 et 12 du projet, c'est bien *un droit* sur le combustible industriel que la Commission a entendu percevoir.

En réalité, si le projet était adopté par le Conseil d'État, c'est *un droit* qui serait perçu !

L'exagération même des primes et des redevances proportionnelles en est la preuve.

L'art. 12 du projet de la Commission établissait : 1° une prime fixe de 300 francs, et 2° une redevance proportionnelle représentant 15 pour 100 des droits d'octroi afférents à la quantité totale des combustibles intro- duits, soit environ 1 fr. 08 c. par tonne.

Dans ce projet, la prime fixe de 300 francs représentait les frais de surveillance. M. le Préfet de la Seine en est convenu à la séance du 8 juillet, dans les termes suivants : « Cette constante a sa raison d'être ;
« elle est absolument juste, puisqu'*elle correspond à la remunération*
« *d'un service de surveillance sensiblement le même pour chaque établisse-*
« *ment industriel, quelle que soit son importance.* Il s'agit de régler con-
« venablement sa quotité. *M. le Préfet est d'avis que le chiffre de trois*
« *cents francs est convenable,* et il serait beaucoup plus disposé à con-
« sentir une réduction des droits proportionnels qu'une réduction de
« cette constante. »

Admettons ce chiffre comme exact et ne discutons même pas s'il ne conviendrait pas que les frais de surveillance fussent mis *au moins en partie* à la charge de la ville, dont l'intérêt est en jeu.

Si l'on compte, d'après les chiffres mêmes du rapport, 200 usiniers tant de l'ancien que du nouveau Paris à 300 francs par tête pour abonnement de combustible, on arrive à une somme de 60,000 francs qui, de l'aveu de M. le Préfet de la Seine, doit compenser exactement les frais supplémentaires de surveillance résultant du nouveau régime des combustibles.

Cela étant, que représentait dans ce premier projet la redevance proportionnelle de 1 fr. 08 c. par tonne?

La consommation personnelle locale de l'industriel?

L'exagération est évidente.

Il n'y a pas à Paris un industriel qui consomme annuellement, pour son chauffage et celui de ses employés, plus de 10,000 kilogrammes de charbon, soit 72 francs de droits.

En prenant même ce maximum comme moyenne, on n'aboutit jamais qu'à un total de 14,400 francs, représentant la consommation personnelle locale des 200 usiniers, tandis que le tarif proposé de 1 fr. 08 c. sur 150,000 tonnes (chiffre du Rapport) devait produire une somme de 162,000 francs.

Le droit de 1 fr. 08 c. était donc un véritable tarif d'octroi !

Le projet actuel a réduit, il est vrai, à 100 francs le montant de la prime fixe et à 1 franc par tonne celui de la redevance proportionnelle. Mais l'exagération est encore énorme.

Si l'on calcule, en effet, le total des primes fixes de 100 francs sur 200 usiniers et des redevances proportionnelles de 1 franc sur 150,000 tonnes, on obtient un chiffre de 170,000 francs, encore supérieur de beaucoup au chiffre strictement légal de 74,000 francs, qui pourrait seul être considéré comme la représentation largement établie des frais de surveillance (60,000 francs) et des droits sur la consommation locale personnelle des industriels (14,000 francs).

Cette somme de 170,000 francs, répartie entre 200 usiniers, mettrait à la charge de chacun d'eux une moyenne de 850 francs, c'est-à-dire en défalquant 300 francs pour les frais de surveillance, qui sont sensible-ment les mêmes, 550 francs de droits en moyenne pour la consommation personnelle !

Il n'y a pas deux expressions pour caractériser ce projet : c'est une ta-rification déguisée.

Que de considérations accessoires ne pourrait-on pas ajouter à cette démonstration si claire et si solide?

Ne serait-ce pas, par exemple, une inégalité choquante que, pendant que dans la plupart des grandes villes de France la consommation indus-trielle est absolument affranchie, l'industrie parisienne fût obligée de payer une taxe totale (prime et redevance) de 1 fr. 13 c. par tonne, c'est-à-dire à peu de chose près le droit d'octroi établi dans ces villes, et no-tamment à Lille, sur la consommation domestique (1 fr. 20 c.), et plus des deux tiers du droit d'entrée imposé en France sur les houilles étran-gères (1 fr. 30 c.)?

Ces considérations, et plusieurs autres, ont été résumées dans les observations présentées au Conseil municipal par l'un de ses membres, M. Léon Thomas, avec une force et une lucidité qui méritent d'attirer l'attention du Conseil d'Etat. (Voir *Appendice*, n° 4.)

Des remarques analogues doivent être faites sur l'article 22 du projet, qui impose aux usiniers, comme compensation des frais du service de l'entrepôt à domicile pour les matières premières, une prime fixe de 500 fr.

Cette prime, d'après les données qui viennent d'être précisées, est supé-rieure aux frais réels de surveillance qui ont été évalués par M. le Préfet de la Seine à 300 fr. par industriel.

Le Conseil d'Etat, défenseur constant de la liberté du commerce et de l'industrie, n'adoptera certainement pas un projet de règlement qui, sous une apparente conformité avec sa jurisprudence, frappe intentionnellement et en réalité d'une véritable taxe d'octroi, non-seulement les matières premières, mais encore et surtout le combustible, aliment et substance nécessaire de toute industrie.

Avec la taxe de 1 fr. 13 c. sur la tonne de houille, ne verrait-on pas se réaliser *ces graves inconvénients de diverses natures* que l'avis du Conseil d'État signalait en 1869, quand l'industrie parisienne était menacée d'une taxe à peine plus élevée?

Vainement invoque-t-on les nécessités du budget municipal !

Elles sont grandes, en effet, et il est certain qu'au sortir de l'affreuse crise qu'elle vient de traverser la ville de Paris a besoin de toutes ses ressources. Mais est-il besoin de démontrer au Conseil d'État qu'elle se trompe de voie quand elle demande à des tarifs d'octroi sur les combustibles des revenus que la liberté et le développement de l'industrie lui donnerait avec plus de facilité et de largeur?

Il y a là, d'ailleurs, un principe qu'on ne peut pas laisser compromettre.

L'industrie parisienne ne défend pas seulement la loi, la jurisprudence, l'équité. Son existence même est intéressée à ce que la limite précise posée par le Conseil d'État en 1869 ne soit pas dépassée, même sous l'empire des préoccupations les plus respectables. Car, s'il était permis une fois à la ville de Paris de faire appel, dans la mesure même la plus restreinte, à des tarifs d'octroi sur les matières premières et sur les combustibles industriels, pour parer au déficit d'un budget, rien ne pourrait garantir l'industrie parisienne contre le renouvellement de semblables entreprises; et la brèche qui aurait été faite, dans un moment d'imprévoyance, à des principes aussi essentiels, pourrait donner passage tôt ou tard à des tarifs qui consommeraient sa ruine !

§ II.

La seconde observation a pour objet *de signaler au Conseil d'Etat une lacune grave dans le projet de décret qui lui est soumis.*

Il a été dit plus haut qu'à la suite de l'échec subi en décembre 1869 devant le Conseil d'État par l'administration municipale de Paris, un arrêté préfectoral du 3 février 1870 a créé une sorte d'état provisoire qui s'est trouvé prolongé par l'effet des événements et qui dure ainsi depuis près de trois années.

Pendant ces trois années, les combustibles et marchandises nécessaires à l'industrie ont été introduits en franchise, sous la garantie de deux cautions.

Comment cet arriéré doit-il être réglé ?

Le projet de décret ne contient sur ce point, qui a une extrême importance, aucune disposition.

Mais l'administration de Paris s'en est préoccupée ; et, en même temps qu'elle élaborait le nouveau règlement qui devait, dans ses prévisions, être appliqué à partir du 1ᵉʳ janvier 1873, elle a manifesté l'intention de réclamer aux usiniers de l'ancienne banlieue le paiement des droits relatifs aux années 1870, 1871 et 1872 sur des bases qu'il importe de faire connaître.

Ces bases ont été posées dans une délibération du Conseil municipal, en date du 23 juillet 1872, laquelle est ainsi conçue : (*V. Appendice*, nᵒ 5) :

« Art. Iᵉʳ. — L'Administration de l'octroi procèdera suivant le mode

« indiqué ci-après à l'apurement des comptes qui concernant les anciens
« entrepositaires ou usiniers sont demeurés en suspens depuis le 1er jan-
« vier 1870. »

« Art. 2. — *Bien que le droit dû par les entrepositaires soit le droit*
« *entier inscrit au tarif*, néanmoins *dans une vue favorable à l'industrie*
« *et à raison des graves événements des années 1870 et 1871, M. le*
« *Préfet de la Seine est autorisé à procéder au règlement des comptes*
« *de ceux des entrepositaires et usiniers qui en feraient la demande sur*
« *le montant de l'abonnement qui leur était concédé en 1869, et à n'exi-*
« *ger pour les deux années 1870 et 1871 le paiement de la somme due*
« *par suite de ce règlement que jusqu'à concurrence de la moitié :* de
« manière que la somme à payer pour ces deux années soit seulement
« égale au montant entier de l'abonnement de 1869. Le paiement de
« cette partie de l'abonnement devra être effectué sur simple avis de
« l'Administration de l'octroi. »

« Art. 3. — Quant au montant de l'abonnement à demander aux usi-
« niers pour l'exercice 1872, il sera payable par douzièmes. Les dou-
« zièmes échus au montant du règlement du compte devront être soldés
« immédiatement. »

Les art. 4 et 5 sont sans intérêt.

Tel est le système de la ville de Paris en ce qui concerne l'arriéré.

A ses yeux, l'expiration des dix années de faveur prévues par la loi
du 16 juin 1859 aurait fait retomber de plein droit les usiniers de la banlieue sous l'empire du tarif de l'ancien Paris.

M. le rapporteur du projet de décret au Conseil municipal définissait
dans les termes suivants la situation légale telle qu'elle est comprise
par la ville : « Dispensés par la loi de 1816 de l'obligation d'accorder
« l'entrepôt à domicile, nous y avons été astreints exceptionnellement
« par la loi de 1859, mais pour une portion déterminée de Paris et
« *pour 7 ou 10 ans seulement. Ce délai étant aujonrd'hui écoulé, nous*

« *sommes en fait et en droit retombés sous l'empire exclusif de la loi*
« *de 1816 :* il n'y a plus désormais deux villes dans la même enceinte ;
« il n'y en a qu'une et tous ceux qui l'habitent, quelle que soit leur
« profession, doivent légalement l'intégralité des droits d'octroi, tant
« que la réglementation|existante n'aura pas été modifiée. » (P. 7.)

Cela est clair et sans équivoque.

Toutefois, *dans une vue favorable à l'industrie et à raison des graves
événements des années 1870 et 1871,* la Ville veut bien consentir à ne|pas
exiger le droit entier.

Elle propose'aux industriels de régler les comptes arriérés sur le montant de leur abonnement de 1869.

Qu'est-ce à dire ?

Quelques courtes explications sont ici nécessaires.

La loi du 16 juin 1859 a donné lieu, dès l'origine, à de nombreuses
difficultés. Les plus graves se sont élevées en 1867, lorsque arriva le
terme prévu par l'art. 7, pour la cessation des franchises et modérations
de droits qui étaient résultées, en faveur des usiniers, du maintien pendant sept ans des taxes locales de l'ancienne banlieue à l'exclusion des
taxes de Paris.

L'Administration municipale, confondant le double avantage que les
art. 5 et 7 avaient distinctement assuré aux usiniers, prétendit alors que
le même terme de sept ans avait été imposé à la faculté d'entrepôt à
domicile ; ou plutôt, sans refuser aux usiniers la prorogation de leur entrepôt jusqu'à l'expiration de l'année 1869, elle la soumit à des conditions qui en détruisaient en réalité tous les effets.

· Un arrêté préfectoral du 30 juillet 1866 assujettit les usiniers entrepositaires à acquitter les droits d'octroi sur tous les combustibles et matières premières entreposés, *au fur et à mesure de leur emploi,* sans dis-

tinguer si les produits fabriqués étaient destinés à la consommation locale ou au commerce extérieur.

Cette exigence jeta dans l'industrie de l'ancienne banlieue une perturbation profonde et une lutte judiciaire s'ensuivit. Elle fut extrêmement vive. La presse même se mêla à la lutte. Enfin, malgré un premier succès, à la veille de soumettre la question à la Cour suprême, l'Administration municipale proposa une transaction aux intéressés qui l'acceptèrent.

La faculté d'entrepôt était maintenue jusqu'en 1869 aux usiniers de l'ancienne banlieue, mais ils durent contracter avec l'octroi des abonnements annuels variables suivant les objets, les industries et suivant même les industriels.

Dans son mémoire au Conseil municipal, en date du 29 décembre 1871, M. le préfet de la Seine constate que « dans la période de 1867 à 1870 « les usiniers furent soumis à l'abonnement avec exercice. Pour les « combustibles on payait en général 50 p. 100 des droits. Les matières premières, complétement dénaturées et entrant dans la fabrication d'objets non encore imposés étaient assujetties à une taxe de 10 « à 15 p. 100. Le droit était modéré de 3 à 7 p. 100 pour les matières « servant à fabriquer des objets passibles d'octroi. »

Ces abonnements, qui avaient le caractère de transaction individuelle sur procès, étaient renouvelables d'année en année et variaient souvent à l'égard des mêmes industriels d'une année à l'autre.

C'est le dernier conclu de ces abonnements, celui de 1869, que l'administration consent à prendre pour base de ses réclamations actuelles.

Mais cette prétendue faveur a été renfermée par les derniers avis administratifs dans des limites très-étroites. Un arrêté préfectoral du 12 août dernier ayant autorisé l'exécution de la délibération du 23 juillet, les intéressés ont été invités à verser à la caisse centrale de l'administration de l'octroi, *avant le 15 octobre courant*, les sommes dont ils sont redevables d'après les dispositions qui précèdent, faute de quoi ils sont prévenus que l'administration de l'octroi poursuivra contre eux le droit intégral qui serait dû depuis le 1ᵉʳ janvier 1870, en vertu de la loi de 1865 et de l'ancien tarif de Paris. (V. *Appendice*, n. 6 et 7.)

Nous ne savons si l'administrations actuelle mettra à exécution ses menaces et tentera ainsi de reprendre en sous-œuvre l'entreprise qui avait été un instant commencée en janvier 1870 et devant l'accomplissement de laquelle l'administration de M. Haussmann avait reculé.

Ce qui est certain, c'est que les usiniers de l'ancienne banlieue sont décidés à résister énergiquement et par tous les moyens à une prétention qui manque absolument de base légale.

Il est clair d'abord, en effet, que l'abonnement de 1869 n'a pu, sans le consentement des usiniers, devenir obligatoire pour les années 1870, 1871 et 1872. Le caractère transactionnel de cet abonnement suffit à empêcher qu'il puisse être prorogé par le seul fait de l'une des parties entre lesquelles il a été convenu. La ville de Paris, ne peut, à aucun point de vue, invoquer une sorte de tacite reconduction qui ne reposerait sur aucun texte de loi ; et elle le reconnaît du reste implicitement, puisqu'elle ne propose cet abonnement comme base du règlement des comptes que pour ceux des usiniers qui en feront la demande ou qui paieront avant le 15 octobre.

La seule base légale des réclamations de la ville de Paris pourrait être la loi de 1816 et l'ancien tarif. Mais il résulte des observations placées au début de ce mémoire sur le caractère des dispositions transitoires de la loi de 1859, que l'application du tarif intégral de l'octroi aux usiniers de l'ancienne banlieue ne pouvait avoir lieu, d'après l'esprit et l'économie de cette loi, *ipso facto,* à l'expiration des années d'épreuve, et par cette seule circonstance que les dix années prévues par le législateur se seraient écoulées.

Il a été amplement démontré que l'application de ce tarif était subor--

donnée, de l'avis même du Conseil d'État, aux résultats de l'expérience et de l'étude et à la confection d'un règlement nouveau.

C'est par un véritable abus du texte de l'article 5 qu'on soutient que le régime provisoire créé en 1859 ne devait durer que dix ans. N'est-il pas évident que ce terme de dix ans était étroitement lié, dans la pensée du législateur, à l'exécution, au bout de cette période, des promesses solennelles faites à l'industrie annexée, et que des retards survenus par la faute de l'Administration municipale ont eu pour conséquence nécessaire une prorogation de la période de transition, d'où l'industrie annexée ne devait sortir que pour entrer dans un régime définitif?

Et vraiment, ce serait un résultat singulier et inattendu de la loi de 1859, si l'Administration municipale, après avoir subi en 1869 un échec si profond et avoir vu repousser, au nom des vrais principes de la matière, le droit, qu'elle proposait alors, de 2 francs par tonne de houille, pouvait venir aujourd'hui percevoir rétroactivement, depuis le 1er janvier 1870, un droit près de quatre fois supérieur !

Pourquoi alors se serait-elle empressée de rédiger un règlement conforme aux avis du Conseil d'État? Pourquoi n'aurait-elle pas tenu en suspens, pendant plusieurs années encore, par des lenteurs calculées, le sort de l'industrie annexée? Si elle l'avait fait, aurait-il fallu reconnaître la légalité des perceptions effectuées dans de semblables circonstances?

Sans doute l'Administration municipale actuelle est animée d'un esprit d'équité qui l'aurait arrêtée dans cette voie ; mais les conséquences même du système qu'elle soutient, démontrent, avec la dernière clarté, que la loi de 1859, en prévoyant un délai de dix années, n'a pas voulu et n'a pas pu livrer les importantes usines de la banlieue au caprice et à l'arbitraire de la municipalité parisienne.

Il faut donc reconnaître que, jusqu'à l'organisation du régime d'octroi nouveau applicable à tout Paris, les usiniers de la banlieue ont joui et jouissent encore du bénéfice de l'entrepôt à domicile, conformément aux dispositions de l'ordonnance du 9 décembre 1814, et de la loi du

28 avril 1816, tel, en un mot, qu'il leur a été assuré par l'art. 5 de la loi de 1859.

Voilà, en résumé, les arguments qui seront opposés aux réclamations de l'octroi de Paris ; et tel est le conflit qui est sur le point de surgir.

La possibilité de ce conflit est la marque la plus caractéristique de la lacune que renferme le projet de décret.

Il appartient au Conseil d'État de le prévenir de la manière la plus légale, la plus prompte et la plus équitable.

Dans la situation imprévue, et on peut dire assez exactement dans l'impasse où se trouvent engagés l'Administration municipale et les usiniers de l'ancienne banlieue, ne serait-ce pas une solution conforme à la pensée du législateur de 1859 que le tarif d'octroi qui sera applicable à partir du 1er janvier 1873 serve en même temps de base au règlement de l'arriéré, de telle sorte que ces trois années écoulées depuis le 1er janvier 1870 soient rétroactivement soumises au régime nouveau qui avait été promis à cette date à l'industrie annexée, absolument comme si la Ville de Paris avait rempli ses engagements ?

Cette solution concilierait tous les intérêts.

La ville de Paris y perdrait sans doute le bénéfice qu'elle cherche à s'assurer, soit par la prorogation de l'abonnement de 1869, soit par l'application du tarif intégral ; mais elle ferait, en définitive, exactement les perceptions qu'elle aurait faites si elle n'avait pas commis la faute, en 1869, de présenter tardivement un projet inacceptable.

Les usiniers de l'ancienne banlieue, de leur côté, ne désirent à aucun degré profiter avec rigueur des erreurs commises par l'Administration municipale et se soustraire à toute perception pour les trois dernières années. Ils veulent seulement substituer à une règle illégale et arbitraire une règle plus conforme à la loi et à l'équité. Ils se féliciteraient d'être replacés dans la situation que la loi de 1859 leur avait faite.

S'il en est ainsi, le Conseil d'État a une voie toute tracée.

Il a un droit souverain de contrôle sur les règlements d'octroi : il est, de plus, particulièrement intéressé à l'exécution loyale de la loi de 1859 qu'il a préparée. Il n'a qu'à se saisir de la question et à la résoudre, soit en ajoutant d'office une disposition additionnelle au projet de décret, soit en renvoyant le projet à un nouvel examen du Conseil municipal.

Ce sera la fin la plus rapide et la plus juste des longs débats qu'à soulevés l'application de la loi de 1859.

Les usiniers de l'ancienne banlieue, justement émus, soit du régime qui leur est réservé pour l'avenir, soit des luttes qui vont s'engager à bref délai pour le règlement de l'arriéré, attendent avec confiance la décision du Conseil d'État, et lui remettent sans crainte, comme à un protecteur fidèle, leurs intérêts menacés.

MAURICE SABATIER,

Avocat au Conseil d'État.

Paris, le 11 octobre 1872.

APPENDICE

APPENDICE

Loi sur l'extension des limites de Paris, du 16 juin 1859

Art. 4. A partir du 1er janvier 1860, le régime de l'octroi de Paris sera étendu jusqu'aux nouvelles limites de cette ville.

Art. 5. Les magasins en gros pour les matières et les denrées soumises dans Paris aux droits d'octroi, dont l'existence aura été constatée au 1er janvier 1859 sur les territoires annexés à Paris, jouiront, sur la demande des intéressés, pour dix années, à partir du 1er janvier 1860, de la faculté d'entrepôt à domicile, conformément aux dispositions de l'art. 41 de l'ordonnance royale du 9 décembre 1814 (1) et de l'art. 39 de la loi du 28 avril 1816, et ce nonobstant, en ce qui concerne les boissons, les dispositions de l'art. 9 de la loi du 28 juin 1833.

La même faculté d'entrepôt s'applique aux dépôts de combustibles et de matières premières annexées, pour leur approvisionnement aux usines en activité au 1er janvier 1859.

---

(1) V⁰ série, Bull. 66, n° 560.

4

A l'expiration des dix années, la faculté d'entrepôt pourra, après avis du conseil municipal, être prorogée, et, dans ce cas, elle devra être étendue à toute la ville de Paris.

Cette mesure, en ce qui concerne les boissons, ne pourra être prise qu'en vertu d'une loi.

Art. 6. Ceux des établissements mentionnés ci-dessus qni ne réclameraient pas le bénéfice de l'entrepôt à domicile pourront être admis à jouir, pour l'acquittement des droits d'octroi constatés à leur charge, des facilités de crédit analogues à celles qui sont maintenant accordées dans Paris au commerce des bois et au commerce des huiles.

Cette disposition n'est pas applicable aux objets qui sont à la fois passibles de droits d'entrée au profit du Trésor et de droits d'octroi.

Art. 7. Les usines en activité à la date du 1er janvier 1859, dans le périmètre du territoire réuni à Paris, ne pourront être, pendant le délai de sept ans, assujetties, pour la fabrication de leurs produits non soumis aux droits d'octroi ou de ceux qui devront être expédiés hors du territoire de Paris, à des droits supérieurs à ceux qu'elles payent actuellement dans les communes où elles sont situées, pour les combustibles employés à la fabrication et pour les matières premières dont on peut suivre et constater la transformation.

Toutefois, les usines à gaz pourront être astreintes au payement de la totalité du droit auquel la houille est soumise à l'entrée de Paris, à moins qu'elles ne préfèrent continuer de payer la redevance de deux centimes par mètre cube, perçue sur le gaz consommé dans Paris en vertu du traité passé le 23 juillet 1855 entre la ville de Paris et la Compagnie parisienne d'éclairage et de chauffage par le gaz.

N° 2.

CONSEIL D'ÉTAT

—

N° 93,971

ANNEXE au N° 2,924. — Distribution du 31 décembre 1869.

AVIS

Sur un projet de décret portant modification au Tarif et au Règlement de l'Octroi de Paris

(SEINE)

ADOPTÉ PAR LE CONSEIL D'ÉTAT

Le Conseil d'État, sur le renvoi qui lui a été fait, à la date du 16 décembre courant, par le Ministre des finances, d'un projet de décret ayant pour objets principaux :

1° De réduire le montant de la taxe imposée sur les houilles de diverses natures à l'octroi de Paris ;

2° D'effectuer la restitution des droits payés au même octroi sur les matières premières transformées par l'industrie, à l'aide de bulletins de sortie donnant droit à l'introduction d'une quantité de matières égale à la quantité présumée contenue dans les objets fabriqués ;

Vu les lois, règlements et tarifs concernant l'octroi de Paris ;

Vu l'ordonnance royale du 9 décembre 1814 ;

La loi du 28 avril 1816 ;

La loi du 16 juin 1859, relative à l'extension des limites de Paris, et notamment les art. 5 et 7, ainsi conçus :

Art. 5. — « Les magasins en gros pour les matières et les denrées soumises dans Paris aux droits d'octroi, dont l'existence aura été constatée au 1ᵉʳ janvier 1859, sur les territoires annexés à Paris, jouiront, sur la demande des intéressés pour dix années, à partir du 1ᵉʳ janvier 1860, de la faculté d'entrepôt à domicile, conformément aux dispositions de l'art. 41 de l'ordonnance royale du 9 décembre 1814 et de l'art. 39 de la loi du 28 avril 1816, et ce, nonobstant, en ce qui concerne les boissons, les dispositions de l'art. 9 de la loi du 38 juin 1833.

« La même faculté d'entrepôt s'applique aux dépôts de combustibles et de matières premières annexés pour leur approvisionnement, aux usines en activité au 1ᵉʳ janvier 1859.

« A l'expiration des dix années, la faculté d'entrepôt pourra, après avis du Conseil municipal, être prorogée, et, dans ce cas, elle devra être étendue à toute la ville de Paris.

« Cette mesure, en ce qui concerne les boissons, ne pourra être prise qu'en vertu d'une loi. »

Art. 7. — « Les usines en activité, à la date du 1ᵉʳ janvier 1859, dans le périmètre du territoire réuni à Paris, ne pourront être, pendant le délai de sept ans, assujetties, pour la fabrication de leurs produits non soumis aux droits d'octroi, ou de ceux qui devront être expédiés hors du territoire de Paris, à des droits supérieurs à ceux qu'elles payent actuellement, dans les communes où elles sont situées, pour les combustibles employés à la fabrication et pour les matières premières dont on peut suivre et constater la transformation.

« Toutefois, les usines à gaz pourront être astreintes au payement de la totalité du droit auquel la houille est soumise à l'entrée de Paris, à moins qu'elles ne préfèrent continuer de payer la redevance de 2 centimes par mètre cube perçue sur le gaz consommé dans Paris, en vertu du traité passé, le 23 juillet 1855, entre la ville de Paris et la Compagnie parisienne d'éclairage et de chauffage par le gaz ; »

Considérant que de l'ensemble de ces dispositions résulte, à l'expiration des délais ci-dessus indiqués, LA NÉCESSITÉ de réviser le règlement de l'octroi de Paris, en ce qui concerne, d'une part, l'entrepôt des marchandises ; d'autre part, le régime des combustibles et des matières premières consommés ou transformés par l'industrie, et d'organiser un régime nouveau applicable à la totalité du territoire compris dans le périmètre de l'octroi de Paris ;

En ce qui touche l'extension de l'entrepôt à domicile pour les
marchandises et denrées :

Considérant que *les motifs qui ont fait établir pour toutes les villes de France les facilités de l'entrepôt à domicile, sont applicables à la ville de Paris ;*

En ce qui touche les combustibles consommés par l'industrie pour la
fabrication de ses produits :

Considérant que le projet de décret soumis à l'examen du Conseil d'État propose de réduire le droit uniforme de 60 centimes par 100 kilogrammes, actuellement imposé sur toute espèce de houilles, à 40 centimes pour la houille dite *tout venant,* et à 20 centimes pour la houille dite *fine,* et le droit de 45 centimes existant sur les bourrées à 25 centimes ;

Considérant que ces propositions ne sont en elles-mêmes susceptibles d'aucune objection et qu'il serait très-désirable de voir réaliser ces réductions dans l'intérêt de la consommation générale et de la petite industrie ; mais qu'il résulte de l'esprit et du texte même du décret que cette réduction est proposée comme exclusive de la faculté d'entrepôt pour les combustibles consommés par l'industrie pour la fabrication de ses produits ;

Considérant qu'il résulte de l'ordonnance du 9 novembre 1814 et de la loi du 28 avril 1816 combinées, ainsi que de la jurisprudence consacrée par des décrets rendus conformément aux avis du Conseil d'État, que les droits d'octroi ne doivent être établis que sur la consommation locale des habitants ;

Que les combustibles consommés pour la fabrication d'objets destinés au commerce, tant du lieu sujet que du pays tout entier et même de l'étranger, ne sauraient être considérés comme absorbés par la consommation locale des habitants ;

Que la valeur des combustibles consommés par la fabrication des produits industriels constitue aujourd'hui une partie si considérable du prix de revient de ces produits que toute taxe imposée sur ces combustibles frapperait les établissements créés ou à créer dans les localités assujetties d'une inégalité regrettable vis-à-vis des établissements situés dans les villes où des droits de même nature ne seraient pas imposés ;

Que les mêmes taxes auraient pour effet de placer les produits qui en seraient frappés dans un état d'infériorité factice sur les marchés étrangers ;

Que, par les motifs sus-énoncés et diverses autres considérations telles que celle tirée du principe que les droits d'octroi ne peuvent constituer qu'un impôt de consommation individuelle et ne doivent jamais exercer

aucune action différentielle, soit au profit des produits de l'intérieur du
lieu sujet, au détriment des produits extérieurs, soit au profit des produits extérieurs, au détriment de ceux du lieu sujet, la jurisprudence,
consacrée par des décrets rendus conformément aux avis du Conseil
d'État, a décidé que les villes ne seraient autorisées à établir ou à pro-
roger des taxes d'octroi sur les combustibles qu'à la charge d'affranchir
de tout droit ceux qui seraient consommés par l'industrie pour la fabrication de ses produits, en les faisant jouir du bénéfice de l'entrepôt à
domicile, dans les formes et aux conditions déterminées par le règlement
de leurs octrois et conformément aux principes posés par l'ordonnance
du 9 novembre 1814 et par la loi du 28 avril 1816 ;

Considérant *que ces principes actuellement appliqués dans les principales villes de France et dans celles où l'industrie est le plus développée,
ne sauraient être méconnus par le règlement de l'octroi de Paris, sans de
graves inconvénients de diverses natures ;*

Que, si l'exercice nécessaire pour prévenir la fraude dans les établissements admis au bénéfice de l'entrepôt à domicile présente, en ce qui
concerne les liquides, des difficultés qui l'ont fait écarter de la ville de
Paris, à ce point que le législateur de 1859 a décidé que l'entrepôt à domicile pour les liquides ne pourrait être établi à Paris que par une loi,
les mêmes inconvénients ne sauraient exister pour les combustibles dont
le volume et la nature n'offrent pas les mêmes facilités à la fraude, et
pour lesquels le législateur n'a pas cru devoir réserver la nécessité d'une
loi ;

*Que la question d'application pratique se réduit à l'établissement d'un
régime de surveillance dont la dépense pourrait être mise, au moins en
partie, à la charge des intéressés ;*

Qu'il serait même possible de simplifier encore le régime de l'entrepôt,
en autorisant la ville à délivrer en franchise, à chaque établissement,
par voie d'abonnement contractuel, la quantité de combustible présumée
nécessaire à la fabrication annuelle, et que, *si la transaction dont il s'agit*

était offerte anx industriels dans des conditions équitables, il est probable qu'elle serait acceptée par un très-grand nombre d'entre eux comme un moyen de se soustraire à l'exercice en conservant tous les bénéfices de l'entrepôt;

En ce qui touche les matières premières de l'industrie.

Considérant que les matières premières, pour la plupart, sont plutôt transformées que consommées par l'industrie; qu'elles ne sauraient dès lors être considérées, du fait de la fabrication, comme absorbées par la consommation locale des habitants;

Que les divers motifs sus–énoncés, qui s'opposent à ce que les combustibles employés par l'industrie soient assujettis aux taxes d'octroi, interdisent également de frapper desdites taxes les matières premières;

Considérant, en outre, que les objets fabriqués avec les matières premières introduites dans le lieu sujet rentrent nécessairement ou dans la catégorie des objets soumis aux droits d'octroi, ou dans celles des objets non assujettis;

Que, si les objets fabriqués sont sujets aux droits d'octroi, ils doivent aux termes des lois et règlements, les mêmes droits que s'ils avaient été introduits du dehors; que, dès lors, le droit qui aurait été perçu sur les matières premières entrées dans leur fabrication ferait, s'il n'était pas restitué, double emploi avec celui dont elles se trouveraient passibles après leur achèvement;

Que, si lesdits objets ne sont pas assujettis aux taxes d'octroi, il ne serait pas juste de les imposer dans leurs éléments de fabrication, puisque les objets similaires qui seraient importés du dehors n'auraient payé aucun droit ni à l'état de matières premières, ni à l'état de produit complet;

Considérant que, par ces motifs, tous les règlements des octrois approuvés par le Gouvernement, sur l'avis du Conseil d'État, garantissent à l'industrie la franchise sur les matières premières qu'elle emploie;

Que cette franchise ne semble pas devoir être refusée à l'industrie de la ville de Paris plus qu'à celle des autres villes de France;

Considérant que les principes ci-dessus exposés, en ce qui touche les matières premières, paraissent admis par le projet de décret présenté par la ville de Paris; mais que ce projet de décret propose, pour le réaliser, un système de bulletins de sortie et de remplacement qui, sans dispenser de la surveillance administrative, présente plus de complication que le régime généralement admis pour l'entrepôt à domicile; que ce système offre, en outre, divers inconvénients, et notamment :

1° Celui d'exiger des intéressés une première avance qui demeure permanente à travers les mouvements de sortie et d'entrée ;

2° De se prêter difficilement à l'affranchissement des matières employées à la fabrication d'objets consommés dans l'intérieur de la ville, qu'ils soient soumis ou non aux droits d'octroi après leur achèvement;

3° De nécessiter l'évaluation moyenne de la quantité de matières premières de chaque nature entrant dans la composition des produits, évaluation d'autant plus difficile qu'un grand nombre de produits similaires comportent dans leur composition une proportion différente des diverses matières qui y concourent;

4° De ne pas comporter, comme l'entrepôt, le procédé de l'abonnement;

Que, par suite, il paraît plus convenable d'appliquer à l'affranchissement des matières premières de l'industrie dans la ville de Paris, conformément aux règles introduites dans les règlements d'octroi de toutes les autres villes de France, le régime de l'entrepôt à domicile sous la surveillance de l'administration ou à l'aide de la faculté d'abonnement, sans préjudice de l'emploi du système des bulletins de sortie, lorsqu'il serait préféré à l'abonnement ordinaire par les parties intéressées;

Est d'avis :

Qu'il y a lieu de substituer ou d'ajouter aux dispositions du projet de décret proposé, autres que celles portant réduction du tarif de la houille et des bourrées, des dispositions établies sur les bases qui seraient posées dans les considérations qui précèdent.

Cet avis a été délibéré et adopté par le Conseil d'État dans sa séance du 29 décembre 1869.

Signé à la minute :

Le Conseiller d'Etat, rapporteur,   *Le Vice-Président du Conseil d'Etat,*

GOUSSARD.   E. DE PARIEU.

Le Conseiller d'Etat,
Secrétaire général du Conseil d'État,
DE LA NOUE-BILLAULT.

SECTION

des

TRAVAUX PUBLICS, AGRICULTURE
COMMERCE, GUERRE
MARINE ET COLONIES
ALGÉRIE ET FINANCES

N° 98,765

OCTROI DE PARIS

M. GRIOLET
rapporteur

N° 3.

AVIS DE LA COMMISSION PROVISOIRE CHARGÉE DE REMPLACER LE CONSEIL D'ÉTAT

EXTRAIT DU REGISTRE DES DÉLIBÉRATIONS

Séance du 7 février 1872

AVIS

La section des Travaux publics, Agriculture, Commerce, Guerre, Marine et Colonies, Algérie et Finances, de la Commission provisoire chargée de remplacer le Conseil d'État qui, sur le renvoi ordonné par M. le Ministre des Finances, a pris connaissance d'un projet de décret portant modification des droits sur les bières et sur la glace à rafraîchir, à l'octroi de Paris ;

Vu la délibération du Conseil municipal de Paris, en date du 29 janvier 1872 ;

Vu le décret du 12 février 1870, portant règlement d'Administration publique sur les octrois, art. 9 et 10 ;

Considérant qu'aux termes de l'art. 10 du décret du 12 février 1870, « en aucun cas les objets inscrits au tarif ne peuvent être soumis à des « taxes différentes, à raison de ce qu'ils proviendraient de l'extérieur ou

« de ce qu'ils seraient récoltés ou fabriqués dans l'intérieur du lieu
« sujet ; »

*Que, si le décret du 12 février 1870, dans son ensemble, n'est pas
applicable à l'octroi de Paris, il est d'une grande importance d'appliquer
à l'octroi de cette ville le principe consacré par l'art. 10 dudit décret, et
qu'il ne serait pas possible d'approuver, pour l'octroi de Paris, l'établissement de taxes différentielles, alors que la législation les interdit absolument dans les tarifs des autres villes ;*

Considérant, d'ailleurs, qu'il est facile de faire droit aux réclamations
des fabricants de bière dans l'intérieur contre la taxe sur la glace à
rafraîchir, en les autorisant à précompter sur les droits dus par eux
sur les bières fabriquées à l'intérieur les droits qu'ils auraient payés à
l'entrée pour les combustibles et les matières premières employées à la
préparation ou à la fabrication des dites bières, et notamment le droit
sur la glace à rafraîchir ;

Que cette déduction était autorisée par les dispositions générales du
tarif de l'octroi de Paris, conformes à l'article 9 du décret du 12 février 1870, et portant :

« Les droits d'octrois qui auraient été acquittés sur les matières pre-
« mieres employées dans les préparations ou fabrications, et dont le
« paiement serait régulièrement justifié, seront précomptés sur les
« droits dus par les nouveaux produits confectionnés, mais sans que ce
« décompte puisse jamais donner lieu à un remboursement d'aucune
« portion des droits payés à l'entrée, dans le cas où ils se trouveraient
« excéder ceux des nouveaux produits ;

Que si les fabricants de bière n'ont pu jusqu'à ce jour réclamer le
bénéfice de cette disposition parce que le droit sur la glace excédait le
droit sur la bière, il en sera autrement lorsque le droit sur la bière aura
été augmenté ;

Considérant enfin que les fabricants de bières étant déjà soumis à l'exercice, il sera facile de constater les quantités de glace et matières premières employées par eux ;

ÉST D'AVIS :

Qu'il n'y a pas lieu d'approuver le projet de décret susvisé et qu'il y a lieu d'appeler l'attention du Conseil municipal de Paris sur la possibilité de faire droit aux réclamations des fabricants de bières tout en maintenant le droit sur la glace et en augmentant le droit sur les bières, mais sans établir aucune taxe différentielle.

Signé : GRIOLET, *Rapporteur.*
LÉON AUCOC, *Conseiller d'Etat,*
présidant la section.
A. DELABARRE, *Secrétaire.*

Pour extrait conforme :
Le Secrétaire de la Section,
Signé : A. DELABARRE.

Pour copie conforme :

L'administrateur des Contributions indirectes,

Signé : PROVENCAL.

N° 4.

CONSEIL MUNICIPAL DE PARIS

Extrait du Procès-Verbal in extenso de la séance du 8 juillet 1872

M. Léon THOMAS, après avoir constaté qu'il y a accord parfait entre l'Administration et les intéressés qui ont été entendus, quant au mécanisme du règlement d'octroi en discussion (c'est-à-dire que le système des reconnaissances à la sortie donne satisfaction à presque toutes les branches du commerce en gros, et que le système de l'abonnement pour les combustibles et de l'entrepôt pour les matières premières assure de même la liberté du travail industriel), fait ressortir que le désaccord est au contraire complet quant à la fiscalité qui a été introduite dans le projet, sous le prétexte de mettre les frais de surveillance à la charge des intéressés. Ces frais, à supposer qu'ils doivent être imputés aux industriels parisiens, ont été exagérés considérablement et répartis d'une manière inéquitable.

Il critique le terrain où s'est placé le rapporteur, qui s'est appuyé entièrement sur l'arrêt de la Cour de cassation de 1847, lequel laisse aux municipalités le droit de décider des dégrèvements à accorder aux matières premières et combustibles de l'industrie. Les lois de frimaire an VII et de 1809 datent d'une époque où l'industrie manufacturière n'existait pas ; déjà la loi de 1816 ne tolérait les octrois que sur les objets de *consommation personnelle locale*, et c'est ainsi que depuis cette époque le Conseil d'État a toujours jugé ; sa doctrine immuable a prévalu successivement dans tous les règlements d'octroi, et l'arrêt de 1847 n'a pas arrêté ce progrès.

Quant à la ville de Paris, à laquelle la faculté d'entrepôt avait été refusée par la loi de 1816, cette interdiction a été levée par la loi d'annexion de 1859, qui a dit qu'à partir de 1870 « la faculté d'entrepôt pourra être prorogée sur l'avis du Conseil municipal, à la condition d'être étendue à tout Paris. »

Voilà enfin Paris relevé de l'exception ; et lorsque le décret du 12 février 1870 établit la franchise absolue de toute taxe locale pour les combustibles et matières de l'industrie dans les villes de France, quoique ce décret rendu en vertu de la loi sur les conseils municipaux, dont Paris était excepté, ne fût pas applicable à la ville de Paris, il n'en restait pas moins acquis que la même franchise était de droit pour notre ville, ainsi que cela est constaté d'ailleurs par les deux avis du Conseil d'État, le premier en date du 29 décembre 1869, où il est dit : « Considérant que les motifs qui ont fait établir pour toutes les villes de France les facilités de l'entrepôt à domicile sont applicables à la ville de Paris ; » l'autre du 7 février 1872 : « Considérant que si le décret du 12 février 1870, dans son ensemble, n'est pas applicable à l'octroi de Paris, il ne serait pas possible d'approuver pour l'octroi de Paris l'établissement de taxes absolument interdites dans les tarifs des autres villes. »

Ces principes avaient été proclamés dans la Commission, et il est surprenant que le Rapporteur s'en soit écarté à ce point, de substituer le système du bon plaisir au régime du droit commun. Passant ensuite à la discussion du tarif proposé, M. Léon Thomas montre que, d'après l'administration, 200 usines consommant annuellement 150,000 tonnes de houille auront à payer :

1° Pour droit fixe.......... 200 à 300 fr. 60.000 f.

2° Pour droit proportionnel, 150,000 tonnes à 1 fr. 08 c.
   (15 0/0 de 7 fr. 20 droits complets)........... 162.000

222.000

Soit par tonne en moyenne 1 fr. 50 c.

(Le tarif, proposé par M. Haussmann et qui a été rejeté par le Conseil d'État, n'était que de 2 fr. par tonne).

Si l'on rapproche ce chiffre de 1 fr. 50 c. de la valeur de la houille à Paris, soit 20 fr. pour le charbon fin industriel, et 30 fr. pour le tout-venant, on voit que, de ce chef, le charbon est grevé de 5 0/0 à 7 1/2 0/0 de sa valeur ; c'est là un droit d'octroi véritable, un droit complet, car en province, à Lille par exemple, le droit d'octroi de la consommation domestique est de 1 fr. 20 seulement et le consommateur industriel est affranchi.

On sait que le droit d'entrée en France pour les houilles étrangères est de 1 fr. 30 ; l'octroi de Paris fonctionnerait donc comme une douane et comme une douane dirigée contre l'intérêt des habitants de l'intérieur, au moyen d'un tarif oppressif.

Il est facile de se convaincre que l'intérêt bien entendu des finances de la ville de Paris est tout opposé ; en effet, chaque ouvrier rapporte à l'octroi 150 fr. environ. (Le produit de l'octroi est de 120 millions, dont 50 millions sur les boissons, à répartir sur 1,200,000 adultes, soit 100 fr. par tête ; mais l'ouvrier célibataire consomme naturellement plus que la moyenne des habitants.)

Que produirait la taxe proposée ? 220,000 fr. : il suffirait donc de ramener dans Paris une population industrielle de 1,500 personnes pour compenser ce manque à recevoir, il est certain qu'aussitôt que la liberté du travail aura été établie dans Paris, les usines désertées de Grenelle et les terrains vagues de la banlieue annexée se repeupleront : depuis l'annexion, bien des industries ont émigré, mais il ne s'est pas créé une seule usine dans l'intérieur de l'enceinte d'octroi.

L'article 12 du règlement propose de faire supporter ces charges aux intéressés à titre de frais de surveillance et aussi comme représentation des droits sur la consommation personnelle locale de l'industriel.

Évidemment aucun industriel ne consommera annuellement pour son chauffage et celui de ses employés plus de 10,000 kilogrammes de charbon, soit 72 fr. de droits, et quant aux frais de surveillance il serait juste que la ville, qui surveille dans son intérêt, supportât la dépense, ne faisant subir que la gêne aux industriels.

Mais, en supposant admis, ajoute M. Léon Thomas, que les frais de surveillance doivent être à la charge des intéressés, n'a-t-on pas exagéré ces frais de surveillance, qui, pour les négociants et usiniers, montent à 382,000 francs? Évidemment oui ! cette somme est plusieurs fois supérieure à la dépense qui sera occasionnée. En effet, la banlieue annexée est exercée depuis dix ans, et il en coûte à peine quelque vingt mille francs ; il n'en coûtera pas plus pour l'ancien Paris, où il n'y a plus d'usines, et cela surtout à cause du système adopté de l'*abonnement*, qui dispense de l'exercice. Le service actif de l'octroi tout entier ne coûte que 3,600,000 francs ; est-ce à dire qu'il faudra augmenter d'un dixième le nombre des préposés d'octroi ?

Non, cette dépense sera loin d'être atteinte ; mais il s'agit de mettre sur l'industrie une *taxe d'octroi* déguisée sous le nom de frais de surveillance, et le rapport, où les objections de l'importante minorité de la Commission ne sont pas même relatées, n'est en réalité qu'un plaidoyer pour le Conseil d'État à qui le règlement devra être soumis.

Maintenant, comment ces frais exorbitants de 220,000 fr. seront-ils répartis entre les deux cents usines? De la façon la plus injuste : on prend pour base la tonne de houille, de telle sorte que certaines usines aurout à payer 15,000, 20,000, 25,00 fr. de frais de surveillance ; à ce prix on pourrait entretenir des escouades permanentes dans ces établis- sements On peut donc affirmer que les grosses industries, celles qui peuvent le moins supporter de droits d'octroi, paieront les frais de la surveillance des petites industries, qui sont en grand nombre. Ajoutez encore que l'industrie des usines de la banlieue annexée, qui s'était placée volontairement à l'abri des atteintes de l'octroi, va se trouver frappée quelle que soit la taxe adoptée ; tandis que la petite industrie, celle de l'ancien Paris, qui jusqu'à ce jour payait les droits complets, se trou- vera ainsi dégrevée quelle que soit d'ailleurs la taxe adoptée.

En résumé, et sans formuler en ce moment d'amendement précis, on peut déjà affirmer, au cours de cette discussion générale :

Que les frais de surveillance sont établis d'une manière exagérée et constituent de la sorte un véritable produit d'octroi contrairement au régime économique universellement admis ;

Et que la répartition en est proposée d'une façon peu équitable ;

Enfin, qu'il y a lieu de faire toutes réserves sur le point de savoir si les frais de surveillance doivent être mis pour tout ou partie à la charge des intéressés.

N° 5.

Délibération du Conseil municipal de Paris du 12 juillet 1872

Le Conseil :

Vu l'ordonnance du 9 décembre 1814 ;

Vu la loi du 28 avril 1816 ;

Vu les articles 5 et 7 de la loi du 16 juin 1859 ;

Vu le décret réglementaire annexé à cette dernière loi ;

Vu le rapport du Conseil d'administration de l'Octroi, en date du 5 décembre 1871 ;

Vu le mémoire de M. le Préfet de la Seine du 29 décembre 1871 ;

Considérant :

Qu'en principe, les droits d'octroi ne sont dus que sur les matières consommées dans la localité, et que, dès lors, il y a lieu de faire application de ce principe au commerce et à l'industrie de Paris, en autorisant :

1° Les reconnaissances à la sortie, pour les objets ne subissant ni transformation, ni mélange ;

2° L'abonnement annuel pour les combustibles employés dans l'industrie ;

3° Enfin, l'entrepôt d'usine pour les matières premières, susceptibles de transformation ou de dénaturation ;

Délibère :

§ 1. — DES RECONNAISSANCES A LA SORTIE.

. . . .

. . . .

§ 2. — DES COMBUSTIBLES EMPLOYÉS DANS L'INDUSTRIE.

ART. 11. — Sous les conditions exprimées aux articles suivants, les industriels seront dispensés du payement des droits sur les combustibles employés par eux dans leurs usines à l'usage de leur industrie.

ART. 12. — Il sera perçu comme représentation des droits sur la consommation personnelle locale de l'industriel, ainsi qu'à titre de compensation des frais de personnel et de toute autre nature provenant du fait de la surveillance des usines :

1° Une somme annuelle de 100 fr. ;

2° Une redevance proportionnelle de 1 fr. par tonne de houille ou de coke; de 0,40 c. par stère de bois dur et de 0,30 c. par stère de bois blanc; de 0,25 c. par stère de cotrets, et de 0,15 c. par stère de fagots. Cette redevance sera établie au moyen d'un abonnement consenti par l'Administration de l'Octroi et accepté par les intéressés.

ART. 13. — La taxe de 100 fr. est payable d'avance, au commencement de chaque année, et demeure, dans tous les cas, acquise à la Ville.

Art. 14. — L'abonnement sera contracté d'avance pour un an, sauf renouvellement au commencement de l'exercice suivant. Il sera basé sur le maximum des quantités que l'industriel déclarera devoir introduire dans l'année.

Art. 15. — Le payement du montant de l'abonnement sera effectué par quart et par trimestre les 31 mars, 30 juin, 30 septembre et 31 dé·· cembre de chaque année.

Art. 16. — Aucun abonnement ne pourra être admis pour des quantités inférieures à 100,000 kilogr. de charbon de terre ou de coke, ou à 200 stères de bois à brûler. Toute introduction au-dessous de ces chiffres ne donnera lieu à aucune réduction sur le montant de l'abonnement.

Art. 17. — L'abonné sera tenu de conduire directement dans ses magasins les combustibles introduits à son nom. Aucune partie de ces marchandises ne pourra être détournée de son affectation industrielle ; l'Administration se réservant d'ailleurs le droit de contrôle au moyen des livres de consommation tenus dans l'usine.

Art. 18. — L'industriel abonné devra fournir une caution solvable, domiciliée dans Paris, qui s'engagera, solidairement avec lui, au payement des droits dûs.

L'Administration de l'Octroi pourra exiger une seconde ou une nouvelle caution, lorsqu'elle le jugera convenable.

Art. 19. — En fin d'exercice il sera établi un décompte général pour chaque usinier. Si les quantités introduites sont supérieures aux quantités déterminées par l'abonnement, l'usinier paiera le surplus dans les conditions spécifiées par le troisième paragraphe de l'article 12.

Si les quantités introduites sont inférieures aux quantités déterminées par l'abonnement, il sera fait au profit de l'usinier une réduction proportionnelle qui sera réglée à la fin de chaque trimestre sans que cette ré- .

duction puisse réduire de plus de 25 p. 100 le montant de l'abonnement
ni l'abaisser au-dessous de la limite fixée par l'art. 16.

Art. 20. — Les déclarations d'entrée dans Paris seront établies
sur des formules imprimées, fournies par l'Administration de l'Octroi ;
elles devront être remplies et signées par l'abonné ou par son représentant
autorisé à cet effet.

Art. 21. — Les industriels ne pourront être admis à jouir de l'abonnement que tout autant que les dispositions locales de leurs établissement sseront de nature à permettre la surveillance du service de l'octroi.
Une demande d'admission sera adressée par eux à l'administration de
l'Octroi qui statuera ; en cas de rejet de cette demande, l'intéressé pourra
se pourvoir par les voies de droit.

§ 3. — DES MATIÈRES PREMIÈRES EMPLOYÉES DANS L'INDUSTRIE.

Art. 22. — Les possesseurs d'usines dont l'industrie est, en raison
de son importance, assimilable à un commerce en gros, pourront
obtenir la faculté d'*entrepôt à domicile* pour les matières premières
entrant dans leur fabrication et pour leurs produits fabriqués qui en
résultent.

Ils devront, à cet effet, adresser une demande semblable à celle que
mentionne l'article 21, et fournir la caution exigée par l'article 17.

Art. 23. — Cette faculté d'entrepôt donnera lieu comme compensation des frais du service, à la perception d'une somme fixe annuelle
de 500 francs, payable d'avance. Dans le cas où l'industriel serait
en même temps abonné pour les combustibles, cette somme serait réduite
à 400 francs.

Art. 24. — Les marchandises seront introduites sur déclarations spé-
ciales et prises en charge sur un portatif individuel.

L'entrepositaire sera tenu de justifier de l'emploi des matières premières et de fournir au Service de l'Octroi des déclarations écrites. Après telle vérification que de droit, il sera procédé à la décharge du compte.

Aucune cession de marchandises considérées comme matières premières, ne peut avoir lieu sans l'autorisation de l'Administration de l'Octroi.

Art. 25. — Les produits fabriqués, compris au tarif, seront l'objet d'un compte spécial de prise en charge.

Les droits seront acquittés sur toutes les quantités livrées à la consommation locale, et justification des expéditions pour l'extérieur devra être faite au Service de l'Octroi.

Art. 26. — Il sera, en outre, procédé à des recensements sur les matières premières et sur les produits fabriqués, toutes les fois que l'Administration le jugera nécessaire. Si les résultats de l'inventaire font ressortir des manquants, le droit d'octroi en sera payé sans déduction ni remise.

DIRECTION
de
L'ADMINISTRATION GÉNÉRALE
—
1ʳᵉ DIVISION
—
2ᵉ BUREAU

OCTROI

Règlement des comptes arriérés
des anciens entrepositaires.

N° 6.

PRÉFECTURE DU DÉPARTEMENT DE LA SEINE

MONSIEUR LE PRÉFET DE LA SEINE

Membre de l'Assemblée nationale

Vu la délibération du Conseil municipal en date du 23 juillet 1872, relative au règlement des comptes arriérés des anciens entrepositaires de la banlieue annexée en vertu de la loi du 16 juin 1859, ensemble l'arrêté préfectoral approbatif de ladite délibération ;

Vu l'ordonnance du 9 décembre 1814 ;

Vu la loi du 28 avril 1816 ;

Vu les art. 5 et 7 de la loi du 16 juin 1849 ;

Vu le décret réglementaire du 19 décembre 1859 ;

Vu la délibération du Conseil municipal du 30 mars dernier, ensemble l'arrêté approbatif de ladite délibération ;

Vu les lois des 18 juillet 1837 et 24 juillet 1867 ;

Vu le rapport du Conseil d'administration de l'octroi, sur la proposition du Directeur de l'administration générale,

Arrête :

Art. 1ᵉʳ. — L'administration de l'octroi procédera, suivant le mode indiqué ci-après, à l'apurement des comptes qui, concernant les anciens entrepositaires ou usiniers, sont demeurés en suspens depuis le 1ᵉʳ janvier 1870 ;

Art. 2. — Bien que le droit dû par les entrepositaires usiniers soit le droit entier inscrit au tarif ; néanmoins, dans une vue favorable à l'industrie et à raison des graves événements des années 1870 et 1871, il sera procédé, conformément à l'autorisation donnée par le Conseil municipal dans sa délibération du 23 juillet 1872, ci-dessus visée, au règlement des comptes de ceux des entrepositaires et usiniers qui en feraient la demande, sur le montant de l'abonnement qui leur était concédé en 1869, et le payement de la somme due par suite de ce règlement pour les années 1870-1871 ne sera exigible que jusqu'à concurrence de la moitié, de manière que la somme à payer pour les deux années soit seulement égale au montant entier de l'abonnement de 1869.

Le payement de cette partie de l'abonnement devra être intégralement effectué sur le simple avertissement de l'administration de l'octroi.

Art. 3. — Le montant de l'abonnement à demander aux usiniers pour l'exercice 1872 sera payable par douzièmes.

Les douzièmes échus au moment du règlement de compte devront être soldés immédiatement.

Art. 4. — Indépendamment des payements à effectuer pour les causes énoncées ci-dessus, les industriels ou possesseurs d'usines auront à acquitter les droits sur toutes les quantités de produits fabriqués soumis aux taxes de l'octroi, qu'ils auraient livrées ou livreraient à la consommation locale durant le cours des trois exercices.

7

A cet effet, ils seront tenus de fournir à l'administration de l'octroi un relevé exact et certifié véritable de toutes les livraisons de marchandises faites par eux dans l'intérieur de Paris.

Le compte de ces livraisons sera soumis au contrôle de l'administration, qui aura toujours le droit d'en vérifier l'exactitude, soit en consultant les écritures du contribuable, soit en usant de tous les moyens d'investigation qui sont en son pouvoir.

Art. 5. — Le mode de règlement déterminé par la délibération du Conseil municipal, du 30 mars dernier, également ci-dessus visée, pour les comptes des anciens entrepositaires commerçants, et rendu exécutoire par l'arrêté préfectoral du 15 avril suivant, pour les exercices 1870 et 1871, continuera d'être appliqué aux comptes de l'année 1872.

Des bulletins de compensation, donnant faculté d'introduire en franchise des droits des marchandises de même nature et en quantités égales à celles qui auraient été expédiées hors Paris, sont délivrés aux intéressés par l'administration de l'octroi.

Les excédants de droits d'octroi provenant du surplus des entrées sur les sorties seront immédiatement exigibles en espèces.

Art. 6. — Le secrétaire général de la préfecture de la Seine, le directeur de l'administration générale et le directeur de l'octroi sont chargés, chacun en ce qui le concerne, d'assurer l'exécution du présent arrêté.

Fait à Paris, le 12 août 1872,

Signé : Léon Say.

Pour ampliation :

Pour le Secrétaire général, le Conseiller de préfecture délégué,

Signé : Mouton-Duvernet.

1re DIVISION

2e BUREAU

N° 6125

Règlement des comptes arriérés
des exercices 1870-1871

USINIERS,

N° 7.

Administration de l'Octroi de Paris

Monsieur,

Un arrêté préfectoral en date du 12 août 1872, autorisant l'exécution de la délibération prise par le Conseil municipal dans sa séance du 23 juillet dernier, a prescrit le règlement des comptes arriérés des industriels ou usiniers, anciens entrepositaires.

Aux termes de cet arrêté, et en ce qui concerne les combustibles et matières premières, l'abonnement de 1869 doit servir de base au règlement de compte des exercices 1870, 1871, en n'imputant toutefois, pour chacune de ces deux années, que la moitié du chiffre de l'abonnement, de manière que la somme à payer pour les deux exercices soit égale au montant de l'abonnement de 1869.

D'après ces bases, votre compte présente les résultats suivants :

Somme due pour les exercices 1870, 1871 (montant de l'abonnement de 1869).................................... 52.000 »

A retrancher les consignations effectuées pendant les deux exercices, sur les objets admis à l'abonnement, qui sont de.................................... 7.742 65

D'où une différence de.................................... 44.257 35

Plus pour timbre, 10 centimes, ci............. 10

Soit au total une somme de................. 44.257 45

dont vous êtes redevable, et que je vous invite, Monsieur, à verser sans retard à la Caisse centrale, rue de Taranne, 2, attendu qu'aux termes de l'article sus-rappelé, cette somme *est immédiatement exigible.*

Les produits fabriqués soumis aux droits dont la livraison aurait été faite à la consommation locale, pendant le cours des deux exercices, feront l'objet d'un décompte spécial. (Art. 4 de l'arrêté.)

Pour le directeur de l'octroi,

Président du Conseil d'Administration,

Le régisseur de la première Division,

Signé : *illisiblement.*

1re DIVISION

—

2e BUREAU

—

N° 6377

N° 8.

Administration de l'Octroi de Paris

Objet de la lettre

—

Recouvrement des droits dûs par les anciens Usiniers, pour les exercices 1870 et 1871.

Paris, le 2 octobre 1872.

MESSIEURS,

Ma lettre du 23 septembre dernier, n° 6108, étant restée sans réponse, je vous invite de nouveau, Messieurs, à verser au bureau de la Caisse centrale la somme de 3,764 fr. 81 c., formant le reliquat des droits dus par vous pour les années 1870 et 1871 ; et pour le cas où votre intention serait de profiter de la faculté concédée aux industriels (anciens usiniers) par le Conseil municipal, dans sa séance du 23 juillet dernier.

Faute par vous, Messieurs, de satisfaire à cette obligation avant le 15 octobre courant, l'Administration devra vous considérer comme renonçant au bénéfice de l'abonnement consenti en 1869 ; ce qui l'obligerait, — d'une part, à vous réclamer les droits sur la totalité des marchandises introduites dans votre usine, du 1er janvier 1870 au 31 décembre 1871, ainsi que sur celles restant en magasin au 31 décembre 1869, —

et, de l'autre, à faire suspendre vos opérations d'entrée en franchise provisoire.

Recevez, Messieurs, l'assurance de ma considération distinguée.

Pour le Directeur de l'Octroi,

Président du Conseil d'Administration,

Le Régisseur de la 1re Division,

De Baylen.

MM. Lapostolet frères et Certeux, impasse Rébeval, 8 (Belleville).

Ont adhéré :

Lebaudy frères.	Lemoine.
Chenu (par procuration Cail et Cⁱᵉ).	Vacquerel (successeur Richard).
De Forceville (administrateur C. Say).	Villiaume.
Lapostolet frères et Certeux.	Frey fils.
Latry et Cⁱᵉ.	Dubosc et Cⁱᵉ.
Bezançon frères.	Hallay Fanchon.
Jeanti e Prévost.	Trébucien frères.
Gallet, Gibon et François.	Delestre frères.
Chevé et Gérard.	Boisquet.
Dumesnil et Aubagnac.	Sommier et Cⁱᵉ.
Guérin Boutron frères.	Ligarde.
Léon Barbette.	Boyer.
Polino.	Brunon et Bouvier.

25609 Paris. — Typographie Renou et Maulde, rue de Rivoli, 144.